El criticón colombiano

El criticón colombiano

Poesias

Criticas al gobierno colombiano departamental, y nacional,
y el desplazamiento forzado.

Ángel Tiberio Mosquera Martínez

Número de Control de la Biblioteca del Congreso de EE. UU.:		2013906254
ISBN:	Tapa Blanda	978-1-4633-5522-7
	Libro Electrónico	978-1-4633-5521-0

Para realizar pedidos de este libro, contacte con:
Palibrio
1663 Liberty Drive
Suite 200
Bloomington, IN 47403
Gratis desde EE. UU. al 877.407.5847
Gratis desde México al 01.800.288.2243
Gratis desde España al 900.866.949
Desde otro país al +1.812.671.9757
Fax: 01.812.355.1576
ventas@palibrio.com
463642

Índice

BIOGRAFIA

CUANDO NACI O. ANGEL TIBERIO MASQUERA MARTINEZ.)

ANEL TIBERIO MOSQUERA MARTINEZ. Nació el 25 de noviembre de 1963,

En urrao Antioquia-COLOMBIA. ANGEL ES hijo legitimo del señor.

RICAURTER MOSQUERA BLANDON.

Y LA SENORA ANA ONIX MARTINEZ LESCANO,.Procedente de familia humilde.

El cual de esta unión nacieron cinco bellos hijos como son ESILDA MOSQUERA MARTINEZ, ANGEL TIBERIO MOSQUERA MARTINEZ,MICAELA MOSQUERA MARTINEZ MARIA EVANGELINA MOSQUERA MARTINEZ,JOSÉ ELADIO MOSQUERA MARTINEZ Aunque su madre tubo 4 hijos mas por fuera como son JORGE ENRIQUE MURILLO JESUAS HERENEO MURILLO ROBINSON MURILLO YAMERLIN MURILLO MARTINEZ Donde ANGEL TIBERIO MOSQUERA MARTINEZ es el segundo de los nueve hijos que tubo su madre.

, ANGEL TIBERIO MOSQUERA MARTINEZ,

al iniciar su vida la suerte no lo acompaño.

.cuando apenas tenia sus siete primeros anos de vida su padre decidió dejarlo a la interperie hechandolo de su casa desde hay comenzó la odisea cuando su padre lo expulso de su residencia.

Quedando ANGEL TIBERIO MOSQUERA, sin ningún horizonte, le toco

Luchando la vida para poder ser hombre de bien y así tener la experiencia de la vida para instruir hoy sus cuatro hijos ANGEL TIBERIO MOSQUERA MARTINEZ. Siempre dice los hombres que triunfan nacen de la nada, a pesar de sus dificultades.

Inicio sus estudios primarios en 1974 en la escuela rural mixta de puerto conto municipio de bojaya departamento del choco, el cual no pudo culminar sus estudios en dicho plantel.

Por problemas que ce presentaron a nivel familiar. Años después se traslado ha vivir con su tío.

ELISEO MARTINEZ LESCANO HERMANO DE SU MADRE.

Donde este le ofreció una segunda oportunidad para culminar sus estudios, primarios.

En la escuela rural mixta de san Martin de porree en el departamento de Antioquia.

ANGEL fue apoyado por su tio hasta legar a 8 de bachillerato.

En el colegio, académico se cesar conto de bellavista en el departamento del choco.

Donde la suerte no lo acompañó. muy bien que digamos.

Debido a que se presento otro problema por parte de la familia de su tío.

Quienes decían que su tio no progresaba por que lo tenia a el en su casa y desprotegía sus hijos por prestarle a el ayuda eso lleno a ANEL de tristeza y rencor que lo hicieron tomar la dedición.

De irse a prestar servicio militar en 1987 donde tuvo muchos éxitos pese a las dificultades que siempre se le presentaron en su servicio militar logro terminar su servicio militar, al regresar ANGEL fue acogido de nuevo por su tío por que no había quien le manejara Las cosas de negocios como ANEL.

No obstante ANEL fue refugiado de nuevo en la casa de su tío. Estando de nuevo con su

Tio ANGEL fue acogido de nuevo por la bendita. Mala suerte y la,

Amargura, la suerte oscura que lo acompañaba siempre y fue acusado, especulado por apropiación, injustamente, cuándo fue administrador de un centro de asociación de productores de arroz, en el pueblo de puerto conto municipio de Boja ya departamento del choco.

Donde los socios decían que ANGEL se había apropiado de 40 millones de peso en el ano 1987

Ese problema llevo a ANGEL de nuevo al camino de su suerte oscura que lo rodeaba. A la cárcel.

Fue trasladado a la cárcel de bellavista choco, de hay lo enviaron a la cárcel de turbo de partamento de Antioquia donde tuvo que pagar 5 meses de arrestos, injustamente.

Hasta mostrar su inocencia ante las autoridades competentes, al salir de esa cárcel de turbo Antioquia se traslado ala ciudad de apartado departamento de Antioquia donde le pareció bien quedarse y se dedico al trabajo en la empresa de exportación bananera en Antioquia.

Donde trabajo por trece años consecutivos.

Y comenzó a vivir una vida digna anos después contrajo matrimonio.

Con una mujer de piel trigueña el cual hoy tiene mas de diez anos no viven a quien corresponde el nombre de BLANCA NIEVES CARBAJAL NAVARRO de esta unión nacieron cuatro hijos muy hermosos como son, YESSICA PAOLA MOSQUERA CARBAJAL, ANGEL DANID MOSQUERA CARBAJAL, ANELICA MOSQUERA CARBAJAL, Y ANGELDAVID MOSQUERA CARBAJAL, después de trece anos de vida. en la zona de uraba en Antioquia vuelve otro decaimiento de ANGEL se ve afectado por el desplazamiento forzado.

por la violencia que afronta el país de Colombia entera y tubo que desplazarse.

Forzadamente en busca de nuevos horizontes al departamento del choco mas concretamente.Ala ciudad de Quibdó ciudad capital del del departamento del choco. este desplazamiento forzado lo llevo a tomar la dedición de buscar otros horizontes en otro país como el de España, Mas concretamente en las islas baleares, y centro de España en busca de una mejor calidad de vida para el y sus hijos trabajo un ano y regreso donde su familia estuvo bien hasta que se termino la plata a partir de hay lo toco de nuevo la mala suerte que lo acompañaba

Y comenso a vivir una vida difícil casis que infra humana en medio de hambre y miserablemente, Pese alas dificultades que a afrontado ANGEL nunca pierde las la esperanzas

De Llegar a convertirse en un hombre de bien donde pueda apoyar a sus cuatro hijos que son su vida, he implantarles buenos morales para que en un futuro sean hombres y mujer de bien.

Como lo fue su padre ANGEL TIBERIO MOSQUERA MARTINEZ.

ANGEL antes del desplazamiento se dedicaba ala composición de música vallenato donde influencio a sus dos hermanos como son JOSÉ ELADIO MOSQUERA MARTINEZ Y JORGE HENRIQUE MURILLO MARTINEZQUIENES quienes gozan hoy días de un gran privilegio, gracias ala influencia de su hermano ANGEL.

Hoy el flagelo de la violencia cambio las aspiraciones de ANEL y tomo una nueva alternativa de vida.

Dedicándose ala composición de versos y poesías que van reflejados alas malas administración de nuestro país ha el flagelo de la violencia. el desplazamiento y la violación a los derechos humanos.

tanto departamental como nacional Colombianas.

ANEL.

CONSUS CRITICAS EN VERSOS Y POESIAS, a logrado un reconocimiento de parte de la gente que lo rodean aunque en sus verso y poesía mas refleja alas malas administraciones departamentales y nacional y mal trato ala población desplazada Colombiana. por que las administración siempre los a mirado como vicho raro, Ho por que no decir ave de mal Agüero, Ho como las siete plagas de Egipto.

Antes angel conto mucho con el apoyo de Besnavidez quinto otro compositor de versos y poesías por que para besnavide quinto dedicarse ala composición divierte y da ganas de seguir viviendo. Otro amigo que impulsaba a ANGEL fue NILSON MOSQUERA SIERRA. Quien en horas libres también se dedicaba ala composición de versos y poesías

A pesar de las secuelas que la vida y la violencia a dejado en ANGEL.

L a integración de sus amigos lo han impulsado para que su esperanza siga viva y pueda dedicarse ala composición de versos y poesía y al cuidado de sus cuatro lindos hijos que serán el futuro de una familia y la esperanza de un buen padre que anhela con sus verso i poesía llegar a tener una vida digna llena de amor, armonía, paz y completa felicidad donde la familia entera pueda gosar de ella. En el lugar donde se encuentran hoy

A pesar de tantas secuelas que la vida ha dejado en ANEL a alcanzado barias metas en su vida.

Como son llegar ha ser un bachiller académico, también es un agente de seguridad técnico en estética de automóviles y pre pose en la rama de la salud, y no pierde la fe de llegar a ser un poeta famoso Ho un cantante reconocido ya que también se dedica ala composición de canciones la cual lla tiene sus tres primera canciones en youtube encuéntralo como.

Vamos a comenzar la fiesta themosiboy) y escúchenlas

POESIA AL PRESIDENTE PASTRANA

Oiga señor presidente.
Yo le quiero preguntar.
Que cual eran sus propuestas.
Y cual es su bienestar.

Si quito la caja agraria.
SI banco de los campesinos.
Y dejo a los oligarcas.
Porque ellos son sus vecinos.

Usted nos vivía diciendo.
Que su gobierno era el cambio.
Pues demuéstrenos con hecho.
Que es lo que usted esta cambiando.

Si el bienestar de los pobres.
Usted lo esta quitando.
Y póngale mucho cuidado.
Que el conflicto esta aumentando.

Usted nos vivía diciendo.
Que en su gobierno abría paz.
Pues hasta hora no se ha visto.
Y quien sabe si labra.

El conflicto del desempleo.
Usted muchas veces lo hablo.
Y desde que recibió su gobierno.
El papel se le perdió.

Señor presidente hoy pedimos.
Hágase sentir un momento.
Sáquenos ha los Colombianos.
De este terrible tormento.

El problema de desempleo.
Y el de desplazamiento.
Son los principales problemas.
En nuestros departamentos.
Perdone señor presidente.
Lo que le estamos diciendo.
Pero este grave problema. Todo lo estamos viviendo.

autor ANGEL MOSQUERA MARTINEZ.

POESIA VIAGE DE PASTRANA AL CAGUAN

Pongan cuidado señores.
Lo que le paso ha pastrana.
Que tiro fijo con el Iso.
Todo lo que le dio la gana.
Tiro fijó a pastrana.
El le daba su opinión.
Y pastrana aceptaba.
Así el no tuviera razón.

Esta zona de despeje.
Que pastrana ha cedido.
Y profijo esta contento.
Y se siente poseído.

Esta tal negociación.
Que inicio el 99 pastrana.
Quedo perplejo.
Cundo cedió ala guerrilla.
Esa zona de despeje.

En el ano 2001 un 8 de febrero.
Dizque se fue ha negociar.
Y como el que menda es tiro fijo.
Allá lo iso quedar.

Oiga señor pastrana.
Usted no puede salir.
Gústele Ho no le guste.
Aquí le toca dormir.

Oiga señor presidente.
Que es lo que le ha pasado.
Colombia llego ha pensar.
Que lo habían secuestrado.

En esta Colombia tan linda.
Que nosotros estamos viviendo.
Tiro fijó es el que manda.
T esta sobresaliendo.

Todo su territorio.
Tiro fijó lo ha tomado.
Y pastrana sede tierra.
Como que nada ha pasado.

Presidente habrá el hijo.
Y no seda más la tierra.
Porque esta obligando.
Ha los campesinos.
Que se vallan ha la guerra.

Hoy todos los campesinos.
Estamos en un camino.
Temblando aquí de miedo.
Por los grupos asesinos.

Oiga señor presidente.
Y agá algo por la guerra.
Y no permita que halos campesino.
Le estén quitando las tierras.

Tres veces usted se ha ido.
Dizque ha negociar la paz.
Díganos los resultados.
Hoque es lo que va pasar.

Colombia esta esperando.
Hoy con las manos abiertas.
Que arroje los resultados.
Para ver si ella despierta.

Colombia no esta de acuerdo.
Que siga cediendo tierra.
.Porque esto nos conlleva.
Al hambre y a la miseria.

Todos estamos diciendo.
Colombia no es un rechazo.
Porque mientras nosotros sufrimos.
Ustedes se saludan de abrazos.

Los viejos no nos pensamos.
Pensemos en la semilla.
Que por culpa del conflicto.
Sean paras o guerrillas.

Óigame pues señor.
Lo que le dice la gente.
Siles queda grande conseguir la paz.
Busquemos otro presidente.

autor ANGEL MOSQUERA.

POESIA LOS QUE ELIGIERON AL PRESIDENTE PASTRANA

Hoy están arrepentidos.
y lo dicen con muchas ganas.
Los señores liberales.
Que eligieron a pastrana.

Dizque porque no hay empleo.
Y la barriga les arde.
Para que hoy se arrepienten.
Si ya es demasiado tarde.

Los señores que botaron.
Andan porai con la radio.
Colocándolo las quejas.
A todos los vecindarios.

Para que hoy hablan mal.
Ustedes son cosas seria.
No decían que pastrana.
Era experto en la materia.

Yo de pastrana no hablo.
Por que creo ser sincero.
Que hablen o se arrepientan.
Aquellos que lo eligieron.

Muchos nos trataban mal.
Y Vivian a su lado.
Y miren ha donde a llevado.
El pago de los pensionados.

Uno oye por hay.
Murmurando de pastrana.
Pero les digo señores.
Que a mi si me dan ganas.

De tratar mal ala gente.
Porque no se identifican.
Como personas humanas.

Habrá están hablando.
Disque de la reelección.
Ustedes que lo eligieron.
Den de nuevo su opinión.
Den de nuevo su opinión.
Demuestren que son decenté.
Que en las buenas y en las malas.
Están con su presidente.

POESIA SI NO INVIERTEN EN COLOMBIA.

Les voy a contar algo.
Y no lo digo en su ausencia.
Si ustedes no invierten en Colombia.
No cesara la violencia..

La violencia ha llegado
Ha este país. Colombiano.
Ces porque los gobernante.
No quien darle la mano.

Déjense de quejadera.
Y olvídense de lamentos.
Traten mas bien de invertir.
En nuestros departamentos.

Por que no buscan proyectos.
Que generen hoy empleo.
En ves de ponerse hablar.
Que los departamento tan feo.
si hacen las cosas a si.
Los departamentos.
Saldrán adelante sino.
Se quedan con la plata.
Lo señores gobernante.

Los señores gobernantes.
Que aquí han administrado.
Hacen cosas personales.
Con la plata del estado.

Estos señores apenas.
Cumplen con enriquecerse.
Y cuando ya tienen plata.
Los departamentos no merecen.

Que tristeza que nos da.
En nuestros departamentos.
Toda la administración.
Siempre nos deja lamento.

Devisera de haber futuro siquiera.
En la capital.
Pero hasta sus calles muchas.
Están sin pavimentar.

autor Angel Mosquera.

POESIA MOTIVO DEL DESPLAZAMIENTO

Somos los desplazados.
Por culpa de aquella guerra.
Que por salvar nuestras vidas.
Tuvimos que dejar las tierras.

Un diez y seis de diciembre del ano 97.
Aquí fuimos albergados.
en coliseo y cascorba.
Por ayarnos desplazados.

Somos 620 familias.
Losque estamos desplazados.
Y de estos hay 90 que fueron.
Beneficiado.
Pero con unos albergues.
De España a donado.

Estamos muy afligidos.
Y le pedimos al estado.
Que todas estas familias necesitan.
que el problema le sea solucionado.
Aunque sea con albergues.
Delos que España a donado.

También hay muchas familias.
Que ya piensan retornar.
Pero con unas garantías.
Que el gobierno a de brindar.
Y si no hay garantías.
Nace puede retornar.

Por la emisora se oyen rumores.
Que aquí han llegado.
Que coliseo y cascorba.
Devén ser desocupados.

Estamos todos unidos.
Y totalmente dispuestos.
Denle solución al problema.
Y les solucionamos esto.

Estamos muy afligidos.
Y miren lo que ustedes han hecho.
Por ser personas desplazada.
Hoy nos violan el derecho.

Con esta nos despedimos.
Dándole un grito al estado.
Esla ciudad de Quibdó. Es que estamos desplazados.

POESIA DEFENSORES DE DERECHOS HUMANOS MUERTOS

En el rio del Atrato.
Algo increíble ha pasado.
Que dos hombres importantes.
Resultaron ahogados.

Que grito tan inflamable.
Levantemos pues las manos.
Ellos eran defensores.
De los derechos humanos.

Que sufrimiento tan grande.
. Esto que nos ha pasado.
Estos estaban en Colombia.
Ayudando desplazados.

Tratando de ayudarnos.
Por que éramos peregrinos.
Y vienen estos señores.
Y los quitan de camino.

Tanto que nos duele esto.
Que maten ha los hermanos.
Sabiendo que estos eran.
Unos hombres soberanos.

Que será que va pasar.
Con la muerte de esta gente.
Sera que se queda impune.
O descubrirán ha esas gentes.

Alas leyes les pedimos.
Que nos hagan un relató.
Porque si esto se queda impune.
Peligramos en el Atrato.

Que pague toda la gente.
Que su delito a cometido.
Que selo saquen ala luz.
Ho lo dejen escondido.

Hermano le digo.
A los desplazados de aquí
Que por bajarse este problema.
Nos puedes echar a podrir.

Duele tanto este problema.
Ver lo que aquí a pasado.
Que le quiten hoy sus vidas.
Que ayudan a desplazados.

No puedo relatar su nombre.
Por que yo no lo sabía.
Pero yo les aseguro.
Que serlos diré otro día.
Iñigo y Jorge se llama van.
Dijo el que los conocía.

Autor Angel Mosquera.

POESIA LA JORNADA POR LA PAZ

En este día tan triste.
Queremos pedirle a ustedes.
Con mucha sinceridad.
Puchemos todos unidos.
Para ver si realizamos.
La jornada por la paz.

Esta se ha llevado a cavo.
Es con mucha sugerencia.
Porque lla los colombianos.
No queremos más violencia.

Todos queremos la paz.
Así lo hemos sucgerido.
Ya que el problema de violencia.
Deja solo nuestros hijos.

Les boy ha decir a ustedes.
Pero con mucho cuidado.
Que muchos hablan de paz.
Pero están desinteresados.
Porque si de verdad la quisieran.
Solución habrían buscado.

En este día solemne.
Clama el campesinado.
Porque do todos modos.
Somos los perjudicados.
Con el desempleo, y el hambre.
Que la violencia ha dejado.

Esta reunión señores.
Que hoy aquí realizamos.
Principalmente por la paz.
Que ha CRISTO le rogamos.

Pueda ser que esta jornada.
Pueda abrir nuestro camino.
Y que la paz no se quede.
En los países vecinos.

Les Pedimos a los grupos.
Quesee dejen de pelear.
Que más bien se tranquilicen.
Para ver si en eta forma.
Pueden negociar la paz.

Ya que la paz le quedo grande Le digo ha toda la gente. Si el que tenemos no sirve. Busquemos otro presidente.

LA HISTORIA DE MIS HIJOS

Chigorodo, Hera el municipio.
Donde yo quise vivir.
Pero los grupos en conflicto.
De allá me hicieron salir.

Llegamos a puerto contó.
En calidad desplazado.
Y pueden mirar la historia.
De lo que nos a pasado.

Mis hijos no conocían.
Ese pueblo tan bonito.
Donde abunda tanto.
el plátano el corojo.
y el boca chico.

Pero de nuevo los grupos.
Nos hicieron desplazar.
Pasando por tagachi.
Ame y beba rama.

solo miraban la gentes.
Pero sin poder hablar.

Ellos solo me decían.
Que es que nos va pasar.
Si estábamos en chigorodo.
porque hoy estamos acá.

Y yo los comenzaba aconsejar.
Tesen tranquilo mis hijos.
Vamos rumbo a Quibdó.
Yo conseguiré un trabajo.
Y también viviremos mejor.

Llegamos ha este pueblo.
el llamado Quibdó.
Y cuando vieron mi llegada.
el pueblo se alboroto.

Decían de donde vienen.
Todo el mundo alborotado.
Yo no les contestaba.
Estaba muy asustado.
Y mis hijos preguntando.
papi que nos ha pasado.

Llegamos ha san Vicente.
Donde fuimos refugiados.
y nos tuvimos que salir.
Por que estábamos arrendados.
Y ya debía tres meses.
Que no los había pagado.

Me sentaba yo ha llorar.
y ha buscar una salida.
Mirando lo que pasaba.
Solo por salvar la vida.

Ya llevamos tres anos.
En este departamento chocoano.
Donde ningún gobernante.
Nos quiere extender su mano.

Mis hijos hoy solo lloran.
Y esto es de sufrimiento.
De verme a mi mendigando.
Ellos no se sentían contentos.

Me ponía a buscar trabajo.
y lo Asia por todas parte.
Y la respuesta que me daban.
Métase a una escuela de arte.

Esto en el departamento.
Hoy me tiene confundido.
y no me quiero arriesgar.
Porque ya tengo mis hijos.

Ahora en la política ellos tratan.
Convencerme que vote.
Por francisco Wilson.
, por ivarguen,o Ismael.

Yo hoy en mi municipio.
Nunca quisiera votar.
Porque los politiquero.
No saben sino engañar.

Yo con todos mis papeles.
Y ellos me han propuesto.
Tráiganos los documentos.
Y le resolvemos esto.

Yo celos he llevado.
Y al cucho los han tirado.
Porque hasta hora.
Con ellos nada ha pasado.

Le pido alas ong
Ustedes si son capases.
Y personas decididas.
De ayudar halos pobres.
Y conseguir una salida.

POESIA EL 012

Oiga señor pastrana.
y todos sus integrantes.
No entierren ha Colombia.
mejor sáquenlo adelante.

El decreto 012 no afecta.
Solo profesores también.
Afecta joven, niños y.
Todos a los rededores.

El decreto 012 ya a hecho.
Su recorrido.
Y estos parlamentarios.
Ellos lo han permitido.

No les importa la vida.
De ninguna persona.
Ellos se creen poseídos.
Por que tienen la corona.

Un paro indefinido.
Es lo que a propiciado.
El decreto 012.
A todo el estudiantado.

Y los de salud también.
Ellos salieron apoyar.
Porque el gobierno.
Educación y salud.
Quieren privatizar.

Y los padres de familia.
Pensamos que somos.
Avión porque.
Estamos dejando solo.
A salud y educación.

Y si privatizan esto.
Donde iremos a parar.
Estos pobres campesinos.
Que luchan por estudiar.

También a DARIO RINCON,
Y ODIN SANCHEZ MONTES DE OCA.
El pueblo les pide hoy.
Que hablen y que no se tapen la boca.

Pastrana señor presidente.
Le vamos a pedir un favor.
Que cuando vea que un decreto.
No beneficia al pueblo.
No lo publique mejor.

Hoy todos los campesinos.
Estamos con las manos arriba.
Porque creemos que este decreto.
No nos brinda una salida.

Quiero decirles a ustedes.
Los de salud y educación.
Rechacemos el 012 que solo.
Nos dejara dolor.

Esto que pide el gobierno.
Creo que es un abuso.
Que para poder trabajar.
Los profesionales.
Tengan que ir a concursos.

en Quibdó se han realizado.
unas marchas bien soleada.
Hasta llegar al parque centenario.
Donde ansiado realizadas.

Parlamentarios chocoanos.
Siesta son sus gestiones.
Quedasen quieticos en casa.
Y busquemos gentes de a fuera.
Que cumplan con sus misiones.

Hoy que cosa tan atroz y es algo.
Que nos convoca.
A no votar. POR DARIO
NI POR ODIN SANCHEZ MONTES DE OCA.

Al acto legislativo asieron su afirmación.
No miraron por el pueblo.
No les importo la salud.
Tampoco la educación.

Y aunque suframos hermanos.
A DARIO NI A ODIN.
Le daremos un voto.
Porque si reciben el puesto.
Nos estropearan a nosotros.

autor Angel Mosquera.

POESIA AL GOVERNADOR DEL CHOCO. JUAN B INESTROZA

Señor gobernador le pregunto.
Algo que me interesa.
Con estos grupos armados.
Usted que es lo que piensa.
O que podemos hacer.
Con esta guerra tan intensa.

Desde el pueblos de.
Murri, Boja ya, y napipi.
Estos grupos armados no quieren dejar salir.
Y si la gente reclama. peligran es a morir.

Ala juventud chocoana.
Ellos están acabando.
Explíquenos usted señor.
Que es lo que nos esta pasando.
Oiga señor usted matase las manos.
Al pecho y hable con estos grupos.
Que no violen los derechos.

Ayer fue en puerto contó.
Mañana donde será el encuentro.
Y todos estos problemas.
Los sufrimos es nosotros.

Florentino se llamaba.
El muchacho asesinado.
Por eso es que pedimos.
Que nos extienda la mano.

Su 6 hijos que tenía.
Y que solos se han quedado.
Hoy que será de sus vidas.
Sino tienen un trabajo.

El era un muchacho bueno.
Luchador por su familia.
Y hoy en mi pueblo quedan.
Solo lamentos y desidias.

Señor gobernador le pedimos.
No sea tan insensato Háganos un bosquejo. De este grava problema.
Que hay en el medio Atrato.

POESIA ALOS NINOS

Hoy treinta y uno de octubre.
Voy a pedirle halos padres.
Que cuidemos halos niños.
Por su día incomparable.
Que DIOS decidió brindarles.

Y halos niños de Colombia.
Les boy a pedir el favor.
Para ver si en este día.
Se pueden portar mejor.

Jovencitos de Colombia.
El futuro esta en ustedes.
Depende de su formación.
Muchas cosas a qui suceden.

Hoy treinta y uno de octubre.
Yo quiero pedirle a DIOS.
Bendice los niños en profundo.
No solo los de Colombia.
Bendícelo en todo el mundo.

Y halos padres de Colombia.
Miremos si nos esforzamos.
Para que nuestros hijo sean.
Unos hombres soberanos.

Con respeto me despido.
De los niños de ni tierra.
Pidiéndole que siembren.
Amor y paz y desechen esta guerra.

Que se a constituido.
No respetando la gente.
Mueren los abusivos.
Pero los que sufren todo.
Son las gentes inocentes.

autor Angel Mosquera.

POESIA EL CASO QUE ME OCURRIO

A mi me ocurrió un problema.
Y Yolo narro poroso.
Que por servir ala gentes.
De mi pueblo salí preso.

Todo el mundo murmuraba.
Acusándome a mí
Diciendo que me cogieran.
Porque yo me podía ir.

Me cogieron esas gentes.
Atado de pies y mono.
Me tiraron ala cárcel.
Paquee me comiera el gusano.

Y a mi mama le decían.
Que no sufriera por mí
Porque dentro de pocos días.
Ellos me verían salir.

No sabiendo que todos.
Asían su papelito.
Para ver si en esa cárcel a mi
Me dejaban listo.

Un problema tan confuso.
El que a my me ocurrió.
Que siendo yo tan honesto.
Todo el mundo me acuso.

Diciendo que me había robado.
Una cantidad de dinero.
Que mi pueblo me anhelaba.
Viendo que no era sincero.

Y ami mama le decían.
Que yo buscara la plata.
Por que esa la tenia era.
Para hacerle la cas.

Mi pueblo me dejo herido.
Y no he podido sanarme.
Por que siendo yo tan sincero.
Y todos fueron acusarme.

Ello saben quienes son.
Los que me insiero ese mal.
Y me miran y sonríen.
Creen que yo soy animal.

Y a todos mis hermanos.
Yo les quisiera pedir.
Que se vallan de ese pueblo.
No se vallan a morir.

La gente que vive aquí demuestran.
Que son decentes.
Pero con su hipocresía.
Pueden matar ala gentes.

Autor Angel Mosquera.

POESIA POR FIN BRILLARON

Desde la ciudad de histmina,
Desde condoto,y todo a estos.
Gobernantes el papel si les brillo.
Y en la ciudad de Quibdó.

Donde vive la concentración.
Chocoana.
Los señores gobernante.
Hacen lo que se les da la gana.

En los tiempos de elecciones.
Ellos vienen con mentiras.
diciéndole a todo el mundo.
Yo si tengo la salida.

Vienen mirando ala gentes.
Y queriendo someterlos.
Pero el corazón les dice.
Si recibo yo el poder.
Ha esta gentes los entierro.

Yo no pienso votar por.
Ningún politiquero.
Porque lo poco que hacen.
Lo echan a su agujero.
Paraqué dicen mentiras.
si el pueblo ya conoce que.
No hay ninguna salida.

Yo le quiero pedir hoy.
A este pueblo chocoano.
Demole oportunidad a gente.
Que sean distintas que.
Nos extiendan las manos.

Señores yo se los digo.
Que tengamos muy en cuenta.
De los políticos que vienen.
No se sabe el que aparenta.

Convencernos con mentiras.
Y montarse a su puesto ahora.
Y luego este diciendo.
No la conozco señora.

Cuando están en su mandato.
Uno no les puede hablar.
Pues se sienten poseídos.
Porque son los manda mas.

Lo único que pedimos.
Alque llegue a su mandato.
Que se ponga mas las pilas.
Con este grave problema.
Que hoy vivimos en el Atrato.

autor Angel Mosquera.

POESIA LOQUE DA EL DSPLAZAMIENTO

Por falta aquí de empleo.
Y el problema del desplazamiento.
Ya mis hijos en Quibdó.
Ellos no se sienten contentos.

Nosotros vivíamos bien.
Donde estábamos ubicados.
Comiendo su platanito,
Su arrocito, y su pescado.
Y a causa de la violencia.
Estamos por estos lados.

Hoy las gentes nos miran.
Y sacan la cara aun lado.
Y por dentro van diciendo.
Mira tiene cara de desplazado.

Desplazado aquí ya somos.
ya nos tienen conocidos.
Poroso en este pueblo.
Anda escondido.

Aunque la gente murmure.
Y digan lo que se les de la gana.
Tendrán que darse de cuenta.
Que somos personas humanas.

Ya los niños de nosotros.
Están sufriendo de asteria.
Por el tiempo que tenemos.
Ya de vivir emn miseria.

Hay niños que durante el día.
No comen y se acuestan boca abajo.
Y esto es por que sus padres.
Ellos no tienen trabajo.

Al estado le pedimos.
Que nos extienda la mano.
por que de nuestros hijos.
Saldrán muchos hombres soberanos.

autor Angel Mosquera.

POESIA ALA PRIMERA DAMA DE LA NACION

Hoy con mucho cariño.
y de todo corazón.
Queremos darle las gracias.
Ala primera dama de la nación.

en nombre de la población.
Reciba nuestro cariño.
Atados los que llegaron.
Les desimos bien venidos.

Agradecemos lo que haga.
en nombre de la población.
Esto se lo decimos.
Es de todo corazón.

el gobierno que hay aquí.
Muchas cosas ha prometido.
Pero halos desplazados.
Poquitas nos han cumplido.

Dizque están buscando tierra.
para hacer unas casa.
pero vamos haber si es realidad.
En lo que ellos se basan.

Si estas cosas se nos dan.
y todo lo prometido.
Quedaremos mas tranquilo.
Y mucho menos confundidos.

Los padres aquí presente.
De toda esta podrecía.
Estamos necesitando.
Que nos busquen pues salida.

Este es un caso grave.
El que estamos viviendo.
Ya nos a dejado trauma.
Que nos esta consumiendo.

En quincena no salimos.
Porque nos causa tristeza.
De ver nuestros hijos llorando.
Porque cuando nosotros salimos.
Ellos van ala cabeza.

Con esta nos despedimos. En nombre de la población. Queremos darle las gracias. Ala dama
de la nación

POESIA HA MIS QUERIDOS PRIMOS

Oigan mis queridos primos.
aquí tienen su angelito.
No les regala plata.
Pero le narra bonito.

Un muchacho inteligente.
El que ustedes han conocido.
Y por falta de dinero.
El no a sobre salido.

Quisiera decirles a todos.
Oigan pues primos hermanos.
Traten sobre salir antes.
Que se los coma el gusano.

En mi familia hay personas.
Que pueden sobre salir.
pero la oportunidad se le niega.
Ala gente que es así.

La oportunidad se les niega.
Porque no tienen apoyo.
Tratan sobre salir.
Y caen de nuevo al oyó.

Mirémonos primos hermano.
Como personas decentes.
Dándole oportunidad.
Ala gente inteligente.

Ustedes siempre han vivido.
En la ciudad de Quibdó.
Y han tenido mucho apoyo.
El que nunca tuve yo.

Muchos de mis primos.
Pasan cuando estoy parado.
Y para disimular.
Sacan la cara pa un lado.

Tesen tranquilos muchachos.
Anden con su dinero.
Que poroso no sea dicho.
Que ustedes son lo primeros.

Esa plata se le acaba.
Sin pelea y sin envidia.
Y cuando se acaba la plata.
Solo queda la familia.

Tu familia es tu familia.
Con talento, y sin talento.
Tu familia te levanta.
Si encaso resultas muerto.

autor Angel Mosquera.

POESIA NO HAY AMIGOS

No son todas las personas.
Que te dicen sos mi amigo.
Y su tu tienes problemas.
Puedes contar con migo.

Hay amigos de la infancia.
Y hay amigos de clamor.
Que si saben tus problemas.
Los sacan al rededor.

Si tu amigo es tu amigo.
En las buenas y en las malas.
Cuando tu tienes problemas.
Es el primero en dar la cara.

Hay amigos de tu casa.
Y hay amigos de tu barrio.
Que si escuchan tus problemas.
Te sacan los comentarios.

En un tiempo tuve amigo.
Y quise tenerlo cerquita.
Pero me le tuve que alejar.
Porque golpeo mi hermanita.

Después hable con mi amigo.
y estábamos en casa ajena.
y cuando menos pensé.
divulgo fue mis problemas.

Poroso yo no confió.
En amigos de mi barrio.
Por que cuando tu menos piensas.
Te sacan es comentarios.

Que a juansito, que a dieguito,
Y a todos nosotros nos conto.
De todos un poquito.

Cuando tu tengas problemas.
No los digas sin razón.
Porque el único baúl que te guarda.
Los secretos puede ser tu corazón.

Amigos hipócritas se consiguen.
Y llegan con sonrisitas.
Diciendo amigo de mi alma.
Vengo hacerte una visita.

Amigo no se consigue.
Lo dijo el señor facundo.
los amigos se acabaron.
No hay amigo en este mundo.

autor Angel Mosquera.

POESIA PROBLEMA DE LOS DESPLAZADOS

El problema que estoy viendo.
En mucho de los desplazados.
Este es un problema serio.
Que a muchos les a pasado.

Se ponen a murmurar.
Siempre el uno del otro
Y estos problemas.
Nos afectan a nosotros.

Estemos todos unidos.
Agarrados de las manos.
Demostrémosle al gobierno.
Que aquí hay hombres soberanos.

Los lideres que tenemos.
Ellos hacen la reunión.
Pero cualquiera de ustedes.
Puede dar su opinión.

Si son opiniones buenas.
Estoy seguro que la aceptan.
Porque ellos son personas.
Que han vivido muy alertas.

Personas que an dirigido con.
murmuración de las gentes.
Pero como hay gentes malas.
también hay gente decente.

cuando con este gobierno.
Pelean los dirigentes.
la población los acoge.
diciendo son buenas gentes.

Pero si alguno de ellos llega hacer.
Algo indecente andamos porai.
Murmurando.
Estos si son malas gentes.

en nombre de la población hoy.
les estamos pidiendo a los lideres.
en función que sigamos en la lucha.
Por que de esta población.
Muchas gentes los escucha.

Sigamos este proceso como real debe ser.
Aportemos realidades.
, aportemos cosas seria.
Y no nos dejemos vencer.

autor Angel mos quera.

POESIA NO TRAFICO DROGA

Que problema.
El de estas gentes.
Siempre viven acusando.
A la gente inocente.

Hoy los colombiano señores.
Que viven en otros países.
Pormas que ellos lo intentan.
Ya no pueden ser felices.

Si a ti te ven pasar.
Ya miran como camina.
Y se ponen a murmurar.
Esta lleva cocaína.

O la gente te ve pasar.
y hay mismo te interrogan.
Mira tu eres Colombiano, tu dices si.
Sos del cartel de la droga.

Y yo también les respondo.
Pero muy inteligente.
Si Colombia la produce.
Se la fuma es otra gente.

En todo mi recorrido.
No me importa donde vamos.
Boy con la frente en alto.
Porque yo soy Colombiano.

No me importa lo que digan.
Y si es que nos interrogan.
No todos los colombianos.
Somos del cartel de la droga.

Para que nos interrogan.
Es algo que no nos suma.
Interroguen mejor.
Las personas que la fuman.

Hoy ustedes nos critican.
y sin ninguna razón.
Búsquenle pues salida.
Y aporten solución.

Al problema de la droga.
Tanto que esta. Afectando a todas.
Las generaciones

POESIA POR RECLAMAR MIS DERECHOS

En el parque centenario.
Donde estamos concentrados.
El cuarto día del paro.
Un disturbio sea formado.

Las gentes están cansadas.
De tanto que nos publican.
Y rompieron la ventana.
Del banco de la república.

La gente quedo atónita.
Delo que sucedió ese día.
Por que nombre nosotros.
Se vino la policía.

El disturbio se seguía.
Y cuando se termino ese gas.
La policía corría tras la gente.
Y la gente enfurecida.

No les importava. la vida.
Seguían siempre.
Adelante en.
Medio de la policía.

La policía insistía.
Ellos tirando granada.
Mataran al que mataran.
No les importaba nada.

Esto siempre sucede.
En nuestro. departamento.
Que los derechos humanos.
Se convierten en lamentos.

Miremos muy bien hermanos.
Quen esta encrucijada.
No tenemos esperanza.
Ni de las fuerzas armadas.

Parece que en este mundo.
No fuéramos colombianos.
por que nos tienen muy ahilado.
Al departamento chocoano.

Por todos estos problemas.
Que hay en los corredores.
No vallan a matar.
A nuestros coordinadores.

Abramos muy bien los ojos.
Y pongamos buen cuidado.
Que si el choco tiene problemas.
Policías y soldados.
ellos también son desplazados.

Autor Angel Mosquera.

POESIA CRUZ ROJAS ESPANOLA Y COLOMBIANA

En este problema que viene de las entrañas.
Queremos darle las gracias alas crus rojas.
Española también ala Colombiana.

Es la sola institución.
Que lucha hoy por nosotros.
Respetamos su opinión.
Felicitación poroso.

en nombre de la población.
los vamos ha felicitar.
Ustedes si son personas.
que quieren el bienestar.

Queremos decirles a todos.
Sin mentiras y con cuidado.
Que la cruz roja.
Es la que por nosotros a luchado.

En conjunto de nuestros lideres.
Los problemas han enfrentado.
Pero ellos no tienen culpa.
Si las cosas no se han dado.

Esta gente esta metido.
De lleno en el problema.
Pero donde llegan.
Esas tierras son ajenas.

Esperemos un poquito.
Para ver si se dan las cosas.
Y no sea que volemos.
Como quellas mariposas.

Detengámonos un poco.
Y hagamos las cosas bien.
No le vamos a echar culpas.
A Angel Juan o ha miguel.

Esto ustedes lo saben.
Ellos no hacen.
Lo que les viene en ganas.
Sino que coordinan
Con la cruz roja Colombiana.

Ya esta dando resultado.
Aunque no lo van a creer.
ya están negociando la tierra.
Con don miguel.

Don miguel tiene un terreno.
de tres hectáreas y media.
Y según hemos oído.
Ya tienen propuestas serias.

autor Angel Mosquera.

POESIA SUPLICA POR LOS NINOS

Le pedimos al estado.
Que apoye estos niños.
Y le den a demostrar.
Que si les tienen cariño.

Los niños de los desplazados.
Están padeciendo hambre.
Y no se pueden parar.
Por que les coge calambre.

Los nonos de los desplazados.
Ellos se pueden morir.
Por que sus padres no tienen.
Trabajo pa subsistir.

No tenemos pa comprarle.
Cada día un platanito.
Para ver si en esa forma.
No se mueren los niñitos.

Le pedimos al estado.
Que nos extienda la mano.
Para poder evitar que halos niños.
Se los coman los gusanos.

Que nos den lo que ellos quieran.
Esto son nuestros deseos.
Si quiera un bulto de arroz.
mándennos al coliseo.

Y el problema de albergues.
Nosotros hoy les pedimos.
Que nos solucionen esto.
pa tranquilizar los vecinos.

Estamos sufriendo mucho.
Esto nos tiene admirado.
Que sin estar en conflicto.
Hoy estemos desterrados.

Nos sentimos desterrados.
Y esto no es por desidia.
Sino por salvar le la vida.
A toda nuestra familia.

Del medio Atrato salimos.
corriendo de bojaya.
Y por tanto conflicto.
Seguro no volvemos por allá.

no volvemos por allá.
Y esto se los relato.
Que es por todos lo problemas.
Que se vive en el medio Atrato.

autor Angel Mosquera.

POESIA LOS POLITICOS DE QUIBDO

Los políticos de Quibdó.
Estos si son cosas seria.
Por que para echar mentiras.
Son expertos en la materia.

Yo le digo halos señores políticos.
Tengan mucho cuidado.
Por que por echar mentiras.
Mucha gente no a llegado.

la gente de hoy en dia ellos votan.
por antojos.
pero no crean ustedes.
que no han abierto los ojos.

ellos saben con certeza.
pero no dan opinión.
por todas las cosas sucias.
que ocurren en selección.

el elecciones se consiguen.
Gentes de condoto,y todo.
Y todos los oligarcas.
Que viven aquí en Quibdó.

En esta elección no voto.
Ni por mi hijo ni por mi hermano.
Sino por la persona.
Que me extienda la mano.

Aquel que me de la mano.
Con la educación de mis hijos.
Con esa persona voto.
Porque así lo he prometido.

Hay muchas gentes que llegan.
Proponiéndome mentiras.
Diciendo soy la persona.
Que puede cambiar tu vida.

A nosotros aquí presente.
Políticos mentirosos.
A quien le cambia la vida.
Si el que pasa por allá va es.
En bien de su familia Y miren como es la cosa.
Allá salen con lamentos.
Diciendo que no hay partida Pa nuestro departamento.

POESIA AQUI NACI

Soy nacido en bojaya.
En un pueblo muy bonito.
El que quiera conocerlo.
Con mucho gusto lo invito.

Bojaya es el municipio.
Donde yo pude nacer.
Y no rapiñando por los montes.
Allí pude florecer.

Donde me vieron nacer.
En medio de bellas flor.
Pero no crean ustedes.
Que en Quibdó viven mejor.

Allá en mi municipio.
Uno come lo que quiere.
Porque no hay necesidad.
De rapiñar no señores.

Ya yo tengo cuatro hijos.
Que no dejare botados.
Todos van creciendo fuerte.
Con la ayuda del pescado.

Con mi cuatro hijos señores.
Yo boy a sobre salir.
Así me toque luchar.
Paque puedan subsistir.

Cuando se sienten con hambre.
Ellos vienen a buscarme.
Y esas cosas no me asustan
Le doy de comer a mis hijos.
Realmente lo que les gusta.

A veces quisiera irme.
De nuevo amí municipio.
Pero me pongo a pensar.
En el vendito conflicto.

Que tienen aquellas gentes.
Y no sabemos quienes son.
Los que hacen correr la gente.
Hoy sin ninguna razón.

Son los grupos en conflicto.
Que le hago este relato.
Os que siembran cizañas.
En todo este medio Atrato.

Autor angel Mosquera.

POESIA INSTITUCIONES
DEPARTAMENTALES CORRUTAS

Les boy a narrar un problema.
De algo que a ocurrido.
Que a nombre de los desplazados.
Muchos se han enriquecido.

Los países exteriores.
Mucha plata. Han mandado.
Cosa que ya sabemos.
Pero no la han entregado.

Yo les digo a estos señores.
Que no se han interesados.
Que no traten enriquecerse.
A nombre de los desplazados.

Cuando los países extranjero.
Dicen pa girar la plata.
Todo el mundo responde.
Y cuando la plata llega.
Estos señores se esconden.

Hoy les vamos a decir.
Señores no se acostumbren.
Hablar de los dientes para fuera.
Por que nosotros en cualquier rato.
Les metemos una tutela.

Le metemos una tutela.
Por los dineros girados.
Que nos hemos dado cuenta.
Y a nosotros no han llegado.

Estamos hablando así.
Dando nuestras opiniones.
Les queremos preguntar.
por los cinco mil millones.

Que llegaron a Quibdó.
En nombre de los desplazados.
Y se quedando con ellos.
Porque no los han entregado.

Autor Angel Mosquera.

POESIA LA MUGER DEL PRESIDENTE

Por aquí vimos un día.
La mujer del presidente.
Pensamos que ella era buena.
Y que era persona decente.

Ya nos había informado.
Que iría al coliseo.
a reunirse con nosotros.
Por que ese eran sus deseos.

Y les cuento pues muchachos.
Por aquí la vi pasar.
Con la cara pa otro lado.
. Ni miraba paraca.

Por a qui paso señores.
Con rumbo hacia el batallón.
Que llevaba mucha prisa.
Y que tenía una reunión.
Con todos los comandante.
Que tenía la institución.

Se olvido del compromiso.
que ella había pactado.
De venir a reunirse.
Con todos los desplazados.

Estos señores de muestran.
que están desinteresado.
De arreglarles el problema.
A todos los desplazados.

Esta primera dama.
Ella no tiene cariño.
Por que si lo tuviera.
hubiera ido al coliseo.
siquiera visitar los niños.

Estos niños en Quibdó.
Que ahora están desplazados.
Que les niegan es l a ayuda.
aunque están desamparados.

hoy están desamparados.
En tiniebla y casi oscuros.
Pero dentro de sus mente.
esta bollando el futuro.

Hay esta nuestro futuro.
Que hoy se consigue en sombra.
Pero por su formación.
pondrán a brillar a Colombia.

autor Angel Mosquera.

POESIA LA COMUNIDAD DE VILLA ESPANA

Vamos a redactar un problema.
que viene de nuestra entraña.
Lo que estamos viviendo.
En el barrio villa España.

Aquí algunas personas.
Como si tienen marejas.
Mueven mucho la lengua.
Y no son fiel a su pareja.

Este barrio en realidad.
Se parece torbellino.
Ya aquí nace puede hablar.
Con ninguno de los vecinos.

La cruz roja Colombiana.
Mucho no a asesorado.
Y hoy estamos esperando.
Que arroje los resultados.

Tuvimos la convivencia.
Esto nos tiene admirados..
Después de la convivencia.
Mas problema es que han llegado.

Pelea mamá con hija.
Pelea n prima y hermanas.
aquí nadie se respeta.
Y hacen lo que les da la gana.

Que problema tan difícil.
Este que hemos vivido.
Que si no pelea el malo.
Aquí pelea el creído.

nunca habíamos vivido.
Un problema con asana
Como el que estamos viviendo.
En el barrio villa España.

Queremos que ya se aplique.
El manual de convivencia.
y el que no se ajuste a el.
Que asuma las consecuencias.

Autor Angel Mosquera.

POESIA TALENTO CHOCUANO

Escúchenmen bien señores.
Algo que aquí a pasado.
El que esta narrando aquí.
Es uno de los desplazados.

El que esta narrando aquí.
Ustedes ya lo han visto.
Asiendo sus camarones.
Y comprando boca chico.

Comprándome un boca chico.
Les digo halos interesados.
Que esta es una de las persona.
Que hoy están desplazados.

Nosotros los desplazados.
Pedimos hoy con lamentos.
Que nos den oportunidad.
Pa mostrar nuestro talento.

Estamos aquí en Quibdó.
Y no crean que es por decidía.
Que hoy tenemos.
Que sufrir 620 familias.

Como la gente no quiere.
Estar mendigando tanto.
Hoy con mucho respeto.
Quieren regresar al campo.

Nos queremos ir al campo.
Nosotros queremos bajar.
Pero hablen con los grupos armados.
Que nos dejen trabajar.

Si es con ese compromiso.
Bajamos con nuestra sierra.
Antes que ellos nos digan.
Ya son ajenas las tierras.

autor angel mosquera.

POESIA LA PAZ DE COLOMBIA SI ACASO LLEGA

Hoy colocamos nuestro esfuerzo.
y con mucha voluntad.
Pidiéndole al presidente.
Que luchemos por la paz.

Queremos decirle todos.
Con mucha sinceridad.
Que todos los Colombianos.
Estamos desesperados.
Porque añoramos lapas.

Todos hablan de paz.
Pero muy desesperados.
por que nace tranquilizan.
Y hablan con los grupos armados.

le boy a decir a usted.
Por que creo ser decente.
Esta paz esta difícil.
oiga señor presidente.

Si quiere conseguir la paz.
Sea más inteligente.
Dialogue con estos grupos.
Que no maten ala gentes.

Yo siempre lo estoy pensado.
Y no crea yo lo lamento.
Por que para conseguir la paz.
Tiene que usted cambiar.
De pensamiento.

Usted tiene conocimiento.
Pero cambie de opinión.
Y si no la paz para nosotros.
será una verdadera maldición.

Esta paz para nosotros.
Será un verdadero flagelo.
Por que para conseguir la paz.
Tendrá que venir del cielo.

Si el señor no la envía.
Y sucede como esta escrito.
Esta paz la conseguimos.
Cuando venga el mismo Cristo.

Pero sigamos luchando.
Para ver si esto se da.
Y que los grupos armados.
Demuestren su voluntad.
De no matar campesinos.
Y ellos puedan trabajar.

Oiga señor presidente.
Yo le digo la verdad.
Que con desempleo y hambre.
No busque usted la paz.
Aunque muchos la anhelamos.
Esta difícil llegar.

autor angel mosquera.

POESIA NO HAY EMPLEO EN QUIBDO. CHOCO.

El caso que vi en Quibdó.
Este es un caso feo.
Uno se muere del hambre.
Si va en busca de empleo.

Una ves yo fui a Quibdó.
Porque me llevo mi tío.
Paque no me matara el hambre.
Yo me le fui escondido.

La familia de este pueblo.
Les digo que ellos si abarcan.
Pero aquí viven bien.
Solo los oligarcas.

Gobierno no sean tan malos.
Demuestren que son decentes.
Cuando salgan los proyectos.
Dente oportunidad a las gentes.

La gente de aquí no es mala.
Yo lo digo con cuidado.
Porque si ellos fueran malos.
Ya hubieran secuestrado.
Todos los oligarcas.
Que andan por estos lados.

Hay muchas familias honestas.
Que ya quieren trabajar.
Búsquele solución al problema.
De desempleo que vive.
El departamento.

Ojala que nuestros hijos.
No practiquen estos.
Procedimientos.
de las malas administración.
Que vive el departamento.

autor Angel Mosquera.

POESIA LOS QUE ELIGIERON EL PRESIDENTE PASTRANA

Hoy están arrepentidos.
Y lo dicen con muchas ganas.
Los señores liberales.
Que eligieron a pastrana.

Dizque por que no hay empleo.
Y la barriga les arde.
Para que hoy se arrepienten.
Si ya es demasiado tarde.

Los señores que botaron.
Andan por hay con la radio.
Colocándole las quejas.
A todos los vecindarios.

Para que hoy hablan mal.
Ustedes son cosas seria.
No decían que pastrana.
Era experto en la materia.

Yo de pastrana no hablo.
Porque creo ser sincero.
Que hablen o se arrepientan.
Aquellos que lo eligieron.

Muchos nos trataban mal.
Y Vivian de su lado.
Y miren a donde ha llevado.
El pago de los pensionados.

Uno oye por hay murmurando.
De pastrana pero les digo señores.
Que ami si que me dan ganas.
De tratar mal ala gentes.
Por que no se identifican.
Como personas humanas.

Ahora están hablando.
Dizque de la reelección.
Ustedes que lo eligieron.
Den de nuevo su opinión.

Den de nuevo su opinión.
Y demuestren que son decentes.
Que en las buenas y en las malas.
Están con su presidente. Díganle pues ahora. Ustedes no son insolentes.
Que no le han reclamado.
Pero que el se manifieste.
autor, angel Mosquera.
POESIA SI NO INVIERTE EN COLOMBIA.
Yo les boy ha decir algo.
Y no lo digo en sus ausencia.
Si ustedes no invierten en Colombia.
No cesara la violencia.

La violencia a llegado.
Al país Colombiano.
es por que los gobernantes.
No quieren meter la mano.

Dehesen de quejaderas.
Y olvidasen de lamentos.
Traten más bien de invertir.
En nuestros departamentos.

Por que no buscan proyectos.
Que generen hoy empleo.
En ves de ponerse hablar.
Que departamento tan feo.

Si hacen las cosas así los.
Departamentos van adelantes.
Sino se quedan con la plata.
Los señores gobernantes.

Pues con estos gobernantes.
Que Colombia tiene tan buenos.
Que a todos los departamento.
Le van ha unir los extremos.

Levan ha unir los extremos.
Y esto es como por arte.
La plata que da el estado.
Cela lleva pa otra parte.

Estos señores apenas.
Cumplen con enriquecerse.
Y cuando ya tienen plata.
Los departamentos no merecen.

los departamentos no merecen.
Ya los miran como sal.
Ha ellos les interesa llegar.
A ser principal.

Para recibir su mandato.
Echan distintas mentiras.
Van diciéndoles a las gentes.
Yo buscare una salida.

En este país de Colombia.
Quien le consigue salida.
A estos departamentos.
Si cada día vemos.
Más tristezas y lamentos.

Los departamentos prosperan.
En esta generación.
Cuando aquellos gobernantes.
Miren por la población.

autor angel Mosquera

POESIA QUE PROBLEMA EL DE ESTA GENTES

Que problema el que tenemos.
Con esta organización.
Aquí nada se concreta.
Cada quien da su opinión.

murmuración vienen.
Y murmuración van.
Esto es lo que refleja.
Esta comunidad.

La lengua se encuentra en tierra.
Esto no se puede negar.
Por que el que menos espera.
Ese tira su alenguada.

Para murmurar delos lideres.
Estos tienen la parada.
Y cuando las cosas se acaban.
Nadie gestiona nada.

Este pueblo es un infierno.
Y murmuran en manada.
y si usted no quiere crer.
Métase en la jugada.

Aquí la lengua y el pleito.
Estos salen a rodar.
Y son uno del aspecto.
que daña la sociedad.

Yo pensé que en villa España.
Esto iba mejorar.
Pero como veo las cosas.
Esto se tiende a empeorar.

Aquí los hombres pelean.
Por cosas insignificantes.
Todo el mundo habla duro.
Diciendo yo soy plante.

Si estos eran muy guapos.
Por que dejaron sus tierras.
Y no asieron resistencia.
En medio de aquella guerra.

Allá están los hombres guapos.
Les digo yo soy tajante.
Que se vallan pa su guerra.
Lo señores protestantes.

Que dejen de murmurar.
Y que no siembren cizaña.
Por que no dejan progresar.
el barrio de villa España.

Ya me despido de ustedes.
y no quiero hablar les mas.
Pueda ser que todo.
Se nos aga realidad.

Autor angel mosquera.

POESIA QUEIBDOSENOS ELIJAMOS A CONCIENCIA

Yo quisiera que en este pueblo.
Todo fuera diferente.
Esto se lo digo yo.
Ala gente aquí presente.

Tratemos de elegir.
Estos votos a conciencia.
Para ver si esto cambia.
Y vemos la diferencia.

Este pueblo esta ahogado.
Y esto es muy sencillo.
Por que la plata que llega.
La dejan en su bolsillo.

Administración va y.
Administración viene.
Todos buscan esos puesto.
Solo porque les combine.

Yo no le tengo confianza.
a ningún politiquero.
Por que amis viejos ellos.
Explotaron primero.

El choco es un departamento.
Que tiene mucho metal.
Pero losque gobiernan.
No lo saben valorar.

Aquí ya no hay empleo.
En este departamento.
Por que su administración.
Cuando recibe el puesto.
Cambian de pensamiento.

Dicen que son sinceros.
Con toda la sociedad.
Y cuando reciben puesto.
Ya se pierde la verdad.

Ya la gente esta cansada.
De recibir tanto azote.
Ustedes ala sociedad.
Nos tienen es de molote.

No engañen ala gentes.
Ni los pongan de molote.
Ya la gente esta cansada.
De revivir tanto azote.

Gracias te damos pacho.
Cumpliste el compromiso.
Para darte estos votos.
No vamos a pedir permiso.

autor angel mos quera..

POESIA MARCHA INDIGENE EN QUIBDO

Los indios tan albergados.
En la iglesia catedral.
Donde llegaros sus jefes.
Que los van acompañar.

Hoy los indios han dicho.
Que los dejen de matar.
Y que el gobierno exija.
Respetar su dignidad.

Le pidieron a su jefe.
Que se viniera integrar.
Que ellos necesita van.
Que Iván hacer una marcha.
En la ciudad capital.

Una marcha que se izo.
Con presencia y sin invento.
Pero los indios manejaron.
Siempre la ley del silencio.

Se reunieron los indios.
En el parque Manuel Mosquera.
Donde estaba la gobernación.
Y los que estaban trabajando.
Se salieron al balcón.

Cuando oyeron las palabras.
Que decía el dirigente.
Pues quedaron asombrados.
Casi toda las gentes.

Ellos siguieron marchando.
Así al parque centenario.
Exponiendo sus dolores.
Con ellos íbamos barios.

Dicen las autoridades que.
Ellas no son capas.
De enfrentar ese problema.
Para exigir dignidad.
Para que los indígenas.
Puedan vivir en paz.

Según la versión del estado.
Los indios se devenir
Y si los inician a matar.
Ellos vuelven a venir.

Administración quibdoseño
Que será lo que nos pasa.
No ataquen halos indios.
Ni discriminen su raza.
Ellos también son personas.
Déjenlos que hagan sus casas.

A ustedes no les da dolor.
De verlos aquí llorando.
Clamándole al creador.
Por que los están matando.

Los indios que siempre marchan.
Es por mostrar su cultura.
Este día lo asieron.
Fue de tanta amargura.

autor angel mosquera.

POESIA POR LA PLATA DE LOS PENCIONADOS

En la ciudad de Quibdó..
La gente aquí a informado.
Que señor gobernador.
Asido entuteledo.

Un catorce de octubre.
Su sentencia fue leída.
Que será arrestado.
Lo arresto la policía.

Cinco días de arrestos.
.por el gobernador han pasado.
Por no pagarle su plata.
       A todos los pensionados.

Oiga señor JUAN. B.
Cumpla con su trabajo.
Por que no estamos de acuerdo.
Que usted siga en tutelado.

Oiga señor a usted.
Que es lo que le a pasado.
Por que ya son varias veces.
Que usted asido en tutelado.

Se decía que era usted.
El que el choco había anhelado.
Y por que tantos problemas.
La plata de los pensionados.

Empleo tampoco usted.
Ala población a generado.
Un pedacito de carretera. en el choco.
Es que usted a pavimentado.

Les pedimos pues ahora.
A los gobernantes del estado.
Que se toquen pues el pecho.
Y le paguen su plata.
A todos los pensionados.

Les preguntamos pues a ustedes.
Todas las gentes de afuera.
Si a ustedes no les da pena.
Que le metan mas tutelas.

Su gobierno le hace daño.
Al que valla recibir.
Porque si es de su partido.
No lo dejaran subir.

Unos hablan por allá.
Pero esto no es del estado.
Que a detenido la plata.
A todos los pensionados.

Con esto yo me despido.
Un relato que cedió.
Que a JUAN B.
Por la plata de los pensionados.
La policía lo arresto.

autor angel mosquera.

POESIA REVOLCON ENERGETICO DE VILLA ESPANA

Óiganme bien señor.
Que problema el de esta gentes.
con esta tal energía creyendo.
En los políticos que vienen.
A echar mentiras.

Se creen de los politólogos.
Que viven a qui en Quibdó.
Creíamos en anobio.
Y el vino y nos engaño.

Una ves francisco Wilson.
Estuvo en el barrio España.
Y al ver unos afiches.
Se le sembró una cizaña.

La gente aquí reunida.
Cuando el ya se marcho.
Todo el mundo murmuraba.
Y esto se alboroto.

Otros estaban confundidos.
Con Ibarguen e Ismael.
Diciendo que esta luz.
Ellos la podían meter.

No se concertaba nada.
Todos daban opinión.
Se formo una bulla rada.
Y nadie daba la razón.

Que francisco que Ismael.
Aportaba pues la gente.
No dañen esos afiches.
Déjenlos allí presente.

Otros estaban diciendo.
Esperemos pues a ulicer.
Concertemos bien con el.
Para ver el que nos dice.

Nadies aceptaba opinión.
La gente estaba muy brava.
Y liman siempre diciendo.
Metámonos en la jugada.

De villa España salió.
Una comisión para ver.
Si traían los afiches.
De ibarguen e Ismael.

Los afiches de francisco.
Todos los habían dañado.
Nadies se daba cuenta.
Estábamos en una reunión.
Que habíamos programado.

Yo no se que va pasar.
En el barrio villa España.
Por que dos o tres personas.
Tratan de sembrar cizañas.

La energía con eulicer. Nosotros.
La conseguimos pero debemos.
Dejar ese bendito egoísmo.

Ese bendito egoísmo.
Es el que nos va matar.
Por que nos alborotamos.
y no nos deja concertar.

Trataron de colocar.
Los afiches de francisco.
Pero les digo señores.
Que yo no me identifico.

Que se lleven pues sus postes.
Y se dejen de malas manas.
Que por conseguir unos poste.
No van a sembrar cizaña.

Con eulicer señores.
Podemos canalizar.
Proyectos pa villa España.
Que no han llegado acá.

Téngamelo bien en cuenta.
No lo dejemos atrás.
Para que eulicer se entere.
De lo que nos falta acá.

A villa España lo invito.
Si quiere reflexionar.
Por que ese bendito alboroto.
No nos deja concertar..

autor angel mosquera.

POESIA SECUESTRO POLITICO, DE INGIO MOSQUERA

Un veintitrés de octubre.
Algo raro aquí paso.
Que al doctor Higinio.
Estando en su campana.
Un grupo lo secuestro.

El pueblo aquí confundido.
Pero sin dar opinión.
Porque habían secuestrado.
El candidato ala gobernación.

Hoy ala población.
Les boy a contar un relato.
Los inscrito ala gobernación.
Eran cuatro candidatos.

William halaby se siente fijo.
Pero no da su opinión.
Es un hombre calladito.
Lo piensa es su corazón.

Embarguen con eulicer.
Creen ganar la campana.
Dicen que se estén tranquilos.
Y que no siembren cizaña.

INGINIO por el momento.
Se esta quedando ahilado.
Porque no sabemos que grupo.
Hoy lo tiene secuestrado.

Ojalas que de esta gente.
Pueda ganar el mejor.
Para que saque la cara.
Por Quibdó este gobernador.

A muchos hemos nombrado.
Para ver si mejoramos.
Y cuando reciben su puesto.
Del chocho nos olvidamos.

Hoy le boy a pedir.
Quien al choco gobernase.
Sacar al choco adelante.
No importando lo que pase.

Señores gobernadores.
El pueblo les esta pidiendo.
Que le muestren sus proyectos.
Para ver que están asiendo.

En el Choco se consiguen.
Políticos con muchas cizañas.
Y nosotros ya sabemos que quieren.
Gobernar pa aplicar sus malas mana.

Al candidato que llegue.
Le pide la población.
Que cambie la ideología.
De esta vieja tradición.

autor angel mosquera

POESIA ELECTORAL. LOS TRAFUGAS

Un ven ti siete de octubre.
Me toco presenciar.
Las personas que viajaban.
A una campana electoral.

Se notaba mucha gente.
Porque habían dos listas.
Por que la gente se fue a votar.
La mayoría a bellavista.

Hablábamos de un proceso.
Como el que tenia Tadeo.
Y no sabiendo que aquí.
Lo que hay es fariseo.

En una lancha señores.
Allí pudimos mirar.
Muchas de las personas.
Que se fueron a votar.

Unos se fueron en lancha.
Y otros se fueron en botes.
Cuidando así sus vidas.
Que no les dieran azote.

Estando ya de salida.
Vi personas confundidas.
Preguntándome señor.
Cuando nos da comida.

Que traición la de esta gente.
Con el bendito proceso.
Isi alguna persona habla.
Tiene su razón por eso.

Ami si me dio tristeza.
Y me puse fue a pensar.
Aquí era la oportunidad.
De sacar un concejal.

Nilson ami me dijo.
Yo no me puedo callar.
La mayoría de gentes.
Todos son de boja ya.

A nuestro barrió venían.
Gentes sembrando cizañas.
Que según los fariseos.
estaban en villa España.

No e visto salir a nadies.
A votar fuera de Quibdó.
confíen en mi palabra.
Esto se los digo yo.

Los fariseos están ocultos.
Tú no lo quieres creer.
Espera que pasen los votos.
Y tu los vuelves a ver.

Le pedimos a mi DIOS.
Que los que viajen palla.
Que a nadéis le pase nada.
Y que puedan regresar.

Si con los poquitos que estamos.
Sacamos el concejal.
Después no digan nada.
Si no les quiere ayudar.

autor,angel mosquera.

POESIA AGRADECIMIENTO A CRUZ ROJA

Hoy el barrio villa España.
Esto si les a agradado.
Que las cruz rojas.
Colombiana y españolas.
Ellas hayan cooperado.

Somos unas personas.
Del grupo de desplazados.
Que el gobierno negligente.
Nos a tenido olvidado.

Hoy por su buen gesto de ustedes.
Nos encontramos albergados.
Aunque es en un barrio.
Que esta bastante alejado.

Hoy a cruz roja la quiero felicitar.
Ustedes si son personas que.
Nos quieren ayudar.
A solucionar el problema.
Que el gobierno tiende olvidar
.

Hoy reciban de nosotros.
Todo nuestro agradecimiento.
Ustedes han cooperado.
Para que estemos contentos.

Nuestros hijos están contentos.
Y tocándonos con lata.
Preguntándole a sus padres.
Quien fu que les dio la plata.

Yo no se si somos todos.
Pero si hay gente alegre.
De ver de nuevo a sus hijos.
Aunque sea en albergues.

La cruz roja Colombiana.
Invito ala española.
Que le brindara su apoyo.
Que no la dejara sola.

La cruz roja española.
Al instarte le escucho.
Y traslado su recurso.
Ala ciudad de Quibdó.
Sino fuera por ustedes los que se han movidos. no estaríamos en Quibdó.
Andaríamos escondidos.

POESIA SI TUVIERA RECURSOS.
Aquí hay unos escritores.
Esto se los boy a decir.
Pero por falta de recursos.
No pueden sobre salir.

La ciudad esta aterrada.
Y la gente en decisivo.
Por que decían ustedes.
No logran ese objetivo.

Queseé sentían contento.
Y un poco estrazado.
Quien les dijo a ustedes.
Que cruz roja iba ayudar.
Desplazado.

Hoy estamos muy contentos.
Esto se Iso realidad.
Y los otros están diciendo.
Con nosotros que será que va pasar.

La esperanza es cruz roja.
Que ella pueda cooperar.
Por que por el gobierno.
Ayuda no va llegar.

Esta preocupación.
La que siempre hemos tenido.
porque en nuestros albergue.
Nocavemo con los hijos.

Sien un tiempo piensan irse.
Ino pasan por acá.
Dejen no la razón.
Cuando piensan regresar.

Yo me boy a preparar.
Boy hacer mi atarraya.
Para poder detenerlos.
Si les dicen que se vallan.

Yo no se las otras gentes.
Pero yo doy mi opinión.
Nos sentimos agradecidos.
Se los digo de corazón.

Gracias le damos a ustedes.
Que no sembraron cizaña.
Y que por su gesto de humanidad.
Nació el nombre de villa España.

Vamos a destacar el trabajo.
Que cruz roja nos a hecho.
Con todos los voluntarios.
Y no pierden su derecho.

Las trabajadoras sociales.
Que cruz roja aquí ha traído.
Ellas si son pasivas.
Y mucho las hemos querido.

Quieren que vivamos bien.
Toda la comunidad.
No les vamos a mentir.
Digamos les pus la verdad.

Que quisieran que tuvieran.
Siempre aquí presente.
Esto no lo digo yo.
Lo esta diciendo la gente.

Para controlar las gentes.
Hicieron la convivencia.
Donde ellas me decían.
Estrenamos tu presencia.

Hoy estamos ubicados..
Pero notamos tu ausencia.
Seriamos más felices.
Si contaramos con sus presencias.

Lola, Leidi, Indira.
Muchos aquí las recordamos.
Fueron puntos de apoyo.
Cuando el proyecto iniciamos.

Hoy para todo nosotros.
Son ideales sus conciencias.
Por que el pueblo en general.
Necesita sus presencias.

autor angel mosquera.

POESIA NO HAY SOLUCION DESPLAZADOS

Ami me da dolor.
Deber alos desplazados.
Como se quedan quietos.
Como que nada a pasado.

Todas las instituciones.
Que vienen por estos lados.
Ya ninguna se pronuncia.
Como que no hay desplazado.

En el parque Manuel Mosquera.
Caminábamos con dolor.
Tratando así de hablar.
Con el señor gobernador.
Para ve si a este problema.
Le consigue solución.

Nos dijo no es aquí.
Busquen otra institución.
Que les arregle el problema.
O que le busque solución.

Nos mando a otra institución.
Dizque la que coordinaba.
Pastrana este si nos ayuda.
Por que el trabaja con ganas.

Nosotros no conocíamos.
Pero conocíamos la vía diaria
Y nos fuimos caminando y era
La red solidaria.

Al llegar nosotros allá.
Plantamos conversación.
Para ver si con esta gentes.
Conseguíamos solución.
Pero ello nos dijeron.
Vamos a mirar la razón.

Hoy ninguna institución.
Ni pastrana quieren reconocer.
Que las gentes dejo sus tierras.
No s fue solo por correr.

Le decimos a pastrana.
Las cosas se vuelven agrias.
Que deje de estar titeando.
Con esa red solidaria.

Quel presupuesto estaba.
Eso era lo que decían.
Pero que sin el bendito registro.
Ustedes no lo movían.

Llevamos ya cuatro años.
De estar en tonterías
Y cuando llega la fecha.
Nos dicen que pa otro día.

Hoy la gente sin trabajo.
Y un poco decidida.
De regresar a sus tierras.
Así les quiten la vida.

Mucho han muerto.
Y es un problema causado.
Por el desempleo y el hambre.
Que pasan los desplazados.

Hoy sufrimos en conjunto.
Cuando se muere la gente.
Porque en casos de solución.
Ya no pueden estar presente.

Vamos a darle las gracias hoy.
A hombres y a mujeres.
Y a las organizaciones.
Que alos desplazados quieren.

Hoy por los mandatarios.
Que mandan los departamentos.
Sufrimos los desplazados.
Y nuestros hijos en tormentos.

autor,Angel Mosquera.

POESIA AL CAMINAR DESPLAZADOS

Población de desplazados.
Cuidado al caminar.
Por que ya suenan rumores.
Que nos van a masacrar.

Que problema el de nosotros.
Que no nos dan la cabida.
Si hoy estamos desplazados.
Es por salvar nuestras vidas.

Llegamos a los municipios
No importando las edades.
En Quibdó estábamos albergados.
Sufriendo necesidades.

A villa España han llegado.
Gentes desconocidas.
Dizque a visitar el barrio.
Y es mirando las salida.

En esto vamos a ser claro.
Ya no sabemos que hacer.
Pero el señor alcalde.
aquí debe proceder.

Estamos muy preocupados.
Por haber dejado las tierras.
Si aquí no nos mata el hambre.
Nos puede matar la guerra.

Se oyen unos rumores.
Que celos llevan las hojas.
Que la masacré va ser.
Cuando se valla cruz roja.

Si salimos desplazado.
Dejando así nuestras tierras.
Tampoco se justifica.
Que nos mate aquella guerra.

gobernadores y alcaldes.
Traten de reflexionar.
Para que estos propósitos.
No se hagan realidad.

Ya que usted no han podido.
Conseguir una salida, Ayude para que a estas gentes. Les puedan respetar sus vidas.
AUTOR ANGEL MOSQUERA.

POESIA UNIVERSIDAD JAVRIANA DE ARMENIA

Los estudiantes que vinieron.
Dela universidad javeriana.
Llegaron en colectivos.
Hacia barrio villa España.

Leiman muy pendiente.
de cumplir con su labor.
No los dejo entrar.
Y en el camino los paro.

Inicio su instrucción.
Con todos los estudiantes.
Y la gente en el barrio.
Esperándolos a delante.

Deber que no se asomaban.
A angel no le gusto.
Por que leiman en el momento.
No cumplía con su labor.

Angel se dirigió pero un poquito airado.
Comunicándole a lola.
Lo que le había pasado.
Lola en seguida pidió.
Que siguieran para dentro.
Que las gentes los esperaba.
En la caseta del centro.

Al llegar la gente acá.
Leiman siguió el encuentro.
Comunicándoles a ellos.
Lo que era el desplazamiento.

Leiman comunicaba.
Pero no puntualizaba.
No le gusto a roble.
Y se metió en la jugada.
Aportando así también.
El porque no retornaba.

Angel pidió la palabra.
Y en seguida les invito.
Que caminaran el barrio.
Y esto así se dio.

Nos estaban comparando.
Con unas palabras ingenia.
Por que ello aquí vinieron.
Fue de la ciudad de armenia.
Al ver toda la inclemencia.
En que la gente vivía.
Muchas de estas personas.
Lloraban a sangre fría.

Esto no es lo que reflejan.
Los gobernantes de la ciudad. Capital
Ellos decían que los desplazados.
Vivian a la jar lay.

Esta inquietud se llevaron.
No porque se les dio la gana.
Todos los estudiantes.
De la universidad javeriana.

Autor Angel Mosquera.

POESIA POR LAS TRABAJADORAS SOCIALES

Ofrecemos algo en especial.
Y no vale ni un denario.
Para dar a conocer.
Quien ayudaron en el barrio.

Este es un caso triste.
Y no problemas especiales.
Al ver que ya senos van.
Las trabajadoras sociales.

LEIDI, INDIRA,Y LOLA.
Por ser joven comprensivas.
Trabajando sin ver la hora.
Hoy el barrio villa España.
Dice que las adora.

Ellas fueron gestoras.
Sacrificando sus pestanas.
Antes de conseguir las tierras.
En el barrio villa España.

Aunque muchos nos ignoren.
y no lo crean especial.
hoy les debemos mucho.
Alas trabajadoras social.

Ojala que este pueblo.
Hoy las sepa despedir.
Por que otras como ellas.
ya no vuelven a venir..

Aquí fueron recibidas.
Por toda la población.
Recibiendo sus consejo.
Que transmitían de corazón.

Hicieron unos amigos.
Se los digo sin cizaña.
como es la población.
De este barrio villa España.

LOLA INDIRA Y LEIDY.
Queremos verlas pasar.
Porque ustedes hicieron mucho.
Para vernos progresar.

Hemos logrado objetivos.
No lo podemos negar.
Por medio de sus conocimientos.
Que ustedes han podido aportar.

Yo le digo a villa España.
Y esto si es algo especial.
Que cojamos como ejemplo.
Todos lo conocimientos.
De las trabajadoras social.

POESIA LA LIMPIESA ES NACESARIA, ONG CLUB DE LEONES

Por ese amor tan bonito.
Y su gesto de buena voluntad.
A este grupo de personas.
Queremos felicitar.

Reciban de villa España.
su gesto de buena voluntad.
Esto selo brindamos porque.
No tenemos mas que dar..

Estos conocimientos.
Que ustedes han transmitido.
Parece que la gente hoy.
Todos se han sometido.

Les pedimos que sus proyectos.
No los dejen ahilados.
Para que este departamento.
Muera contaminado.

Los que reprochan sus proyectos.
Viven en ignorancia.
Como no lo conocen.
No le dan la importancia.

Nosotros en villa España.
Si les vemos la grandeza.
Porque no somos cochinos.
Queremos vivir en limpieza.

Estamos agradecidos.
Esto es sin sembrar le cizañas.
Por trasladar sus recursos.
A este barrio villa España.

El pueblo esta admirado.
Que con ustedes se han.
Logrado las metas.
Porque ya estamos viendo.
Lo del uniforme y la caseta.

Y muchos trabajos.
Aquí se pueden realizar.
Sino extienden las manos.
Para poder progresar.

POESIA ANIVERSARIO DE LOS DOS DEFENSORES DE DERECOS HUMANOS

Deseen de cuenta señores.
Le boy a contar un relato.
Del problema tan cruel.
Que ocurrió en el Atrato.

Un dieciocho de noviembre.
Del año noventa y nueve.
Algo increíble a pasado.
Que Iñigo y Jorge.
Resultaron ahogados.

Duele tanto este problema.
Delo que aquí a ocurrido.
Pero aunque ellos estén muertos.
Pa nosotros siguen vivos.

El dieciocho de noviembre.
Según este calendario.
Estamos celebrando.
Su primer aniversario.

Duele tanto recordarlos.
Por ser hombres soberanos.Ellos eran defensores.
De los derechos humanos.

Ellos habían recorrido.
Mucho con su talento.
Y tuvieron mala suerte.
Porque segaron sus vidas.
En este departamento.

Como si estuvieran vivos.
Los estamos recordando.
Si hacemos un relato.
Delo que aquí esta pasando.

Iñigo y Jorge les damos.
Las condolencias.
Pero estaríamos mas contento.
Si contáramos con sus presencias.

Sus madres hoy los recuerdan.
Y todos sus compañeros.
Porque en sus propuestas.
Eran hombres sinceros.

Aquí también los recordamos.
Mucho de los chocoanos.Porque fueron los defensores.
De los derechos humanos.

Quisiera que aquí vinieran.
Hombres con mucha hazaña.
Como los que había mandado.
Este país de España.

Duele tanto recordadar.
No consiguieron salida.
Porque antes de lograrlo.
Les segaron fu sus vidas.

No sabemos quien seria.
El dueño de aquella muerte.
Pero que los investiguen.
A ver si tenemos suerte.

Por hay ya hay acusados.
De los grupos en conflicto.
No sabemos realmente.
Si leen el veredicto.

Óiganme bien señores.
Los que les boy a narrar.
Que por sacar estas palabras.
No me vallan a matar.

Porque ya en Colombia no hay hombres.
Soberanos ya mataron.
Los máximos defensores.
De los derechos humanos.

Autor Angel Mosquera.

POESIA PRIMERA DAMA

Toda la población.
De este barrio villa España.
Vamos a darle un fuerte aplauso.
A dona NORA DE PASTRANA.

Y ala seguridad que aportaron.
Su presencia los vamos.
A felicitar en compañía.
De dona chencha.

Nosotros estábamos tristes.
Y pensando en el invierno.
Porque aquí no habíamos visto..
La presencia de gobierno.

Hoy ya estamos contentos.
Y nos ole a solución.
Al contar con la presencia.
De la primera dama de la nación.

Usted que es mujer bella.
Y formación decente.
Comunique estos problemas. Haya al señor presidente.

Queremos pedirle ayuda.
Contando nuestra plegaria.
Colabore con las mujeres lactantes.
Y la olla comunitaria.

Este terrible flagelo.
Que hemos sufrido.
Tan grande.nos llevo.
Al desplazamiento.
Al abandono y al hambre.

DONA NORA DE PASTRANA.
Usted que es bondadosa.
Escuche las inquietudes.
Que la población esboza.

Ya llevamos cuatro anos.
De venir en esta lucha.
Tocando y tocando puertas.
y casi nadéis nos escucha.

DONA NORA DE PASTRANA. La estamos viendo segura. Y confiamos en usted. Que nos
Brindara su ayuda.

POESIA AGRADECIMIENTO HA CANADA

Ho Canadá país. Lindo
Y también país pujante, el que,
Le abrió sus brazos.
Ha todos los inmigrantes.

Estas palabras a ti.
Te las convierto en canciones.
Por que brillas si decide.
Ir a cumplir con tus misiones.

CANADA, es un lindo país.
Que tiene muy bellas flores.
I ala llegada de otoño.
Este cambia de colores

Un veinte dos de febrero.de Colombia
He llagado. Y No crean que fue por tierras.
Corriendo de mi país.
Por culpa de aquella guerra.

Pues dejar a mi país.
Era un terrible. Fracaso
Doy gracias ha Canadá.
Por que el me abrió sus brazos

Escoger ha Canadá fueron.
Disecciones mías.
Pero me ciento feliz.
Con su bella economía.

Hoy le estoy pidiendo ha DIOS.
Poderme capacitar para ver,
Si ha este país algo le puedo.
Aportar.

Yo no he vivido en la sima.
Pero si he vivido en arroyo.
Tengo que hacer lo posible.
Para aportar ha este país.
Yo también el desarrollo.

Un país maravilloso que cumple.
Con su misiones por que cambia.
De colores hoy con sus.
Cuatro estaciones

Tiene bonitas gentes
Tiene cuatro estaciones.
Tiene bella economía.
Y mujeres a montones.

Lo que hoy me hace falta.
Se los digo sin decidía.
Es poderme reunir.
Un día con mi familia.

Gracias te doy Canadá por todo.
Lo que he pasado.
Pero ente mano te agradezco.
Todos los servicios prestados.

Autor ANGEL MOSQUERA

POESIA MATANZA EN BOJAYA

El año noventa y nueve la gente.
Todo asustado.
Por la presencia que había.
De tantos grupos armados.

Un dos de mayo señores hoy yo.
Lo tengo ala vista, mataron.
Ciento diecinueve personas.
En el pueblo de bellavista.

Miren que matanza cruel.
Cosa que nadéis quiere.
Arrasaron con el pueblo.
Pues mataron a los hombres.
los niños y mujeres.

El gobierno colombiano.
Recogió su in formación.
Y ha estos familiares sobre vivientes.
Les pago indemnización.

La información recogida.
Por aquellos grupos armados.
La respuesta que ellos daban.
Hay estaban camuflados.

La gente muy como vida.
Y real mente asustado.
Miraban aquel pueblito.
Como estaba desolado.

Si tu quieres conocer.
Osi pasa poraya
Esta matanza cruel.
Ocurrió en bojaya.
Las comisiones que salieron.
a extender les las manos.
Solo dejaban pasar aquellos.
Defensores de los derechos humanos.

Si te pones a sacar cuenta,
Cuantas personas han matado.
Todos los enfrentamientos.
De aquellos grupos armados.

Ellos muestran verraquera.
Y Se encuentran los dos presentes.
Poro no se matan ellos.
Matan ala pobre gente.

Si haces la revisión.
De aquellos asesinado.
Llegaras a descubrir que mas.
Gente son del campesinado

unos corren para Riva.
Otros corren para bajo.
Otros se mueren del hambre.
Porque no en centran trabajo.

El municipio de bojaya.
De esto yo estoy seguro.
Sino cambian estrategias.
Se quedara sin futuro.

Autor ANGEL MOSQUERA